AF305827

Ventes des 24, 25 et 26 Novembre 1868.

TRÈS-RICHE

MOBILIER

OBJETS D'ART

ARMES — CURIOSITÉS — DESSINS — AQUARELLES
TABLEAUX — LIVRES
VINS — ARGENTERIE

Appartenant à M. H. L. ......

EXPOSITIONS

PARTICULIÈRE, *le Dimanche 22 Novembre 1868;*
PUBLIQUE, *le Lundi 23 Novembre 1868.*

COMMISSAIRE-PRISEUR

Mᵉ *CHARLES PILLET*

EXPERTS

M. CH. MANNHEIM | M. FRANCIS PETIT
M. DELAROQUE

1868

CATALOGUE

DU TRÈS-RICHE

MOBILIER

et des

OBJETS D'ART — CURIOSITÉS — ARMES

DESSINS — AQUARELLES — TABLEAUX

LIVRES

ARGENTERIE — VINS

Appartenant à M. H. L...

DONT LA VENTE AUX ENCHÈRES PUBLIQUES

aura lieu

HOTEL DROUOT, Salle N° 1

Les Mardi 24,
Mercredi 25 et Jeudi 26 Novembre 1868

A DEUX HEURES.

Par le ministère de Mᵉ **CHARLES PILLET**, Commissaire-Priseur,
10, rue Grange-Batelière,
Assisté de M. **Ch. MANNHEIM**, Expert, rue Saint-Georges, 7;
Pour les Tableaux et Dessins, de M. **Francis PETIT**, Expert, 7, rue Saint-Georges,
Et pour les Livres, de M. **DELAROQUE**, Expert, 21, quai Voltaire.

Chez lesquels se trouve le Catalogue.

EXPOSITIONS
{
PARTICULIÈRE : le Dimanche 22 Novembre 1868,
PUBLIQUE : le Lundi 23 Novembre 1868,

DE UNE HEURE A CINQ HEURES.

CONDITIONS DE LA VENTE.

Elle sera faite au comptant.

Les adjudicataires payeront *cinq pour cent* en sus des enchères.

L'exposition mettant le public à même de se rendre compte de l'état des objets, il ne sera admis aucune réclamation une fois l'adjudication prononcée.

Paris. — Imp. de Pillet fils aîné, rue des Grands-Augustins. 5.

DÉSIGNATION DES OBJETS

ARMES

1 — Casque à visière du xvie siècle, décoré de bandes d'ornements gravés et dorés.

2 — Devant de cuirasse en acier poli, décoré de bandes d'ornements et d'arabesques gravées et dorées. Il porte le double aigle d'Autriche surmonté d'un Christ en croix. Travail du xvie siècle.

3 — Têtière de cheval en acier poli, décorée de bandes gravées à ornements et dorées. Travail du xvie siècle.

4 — Deux épaulières provenant d'une armure du xvie siècle, en acier poli à bandes d'ornements gravés et dorées sur fond bleu.

5 — Rondelle de lance en acier poli, décorée de trophées et d'arabesques gravées et dorées sur fond bleui, xvie siècle.

6 — Devant de cuirasse, décoré de bandes d'ornements et à figures allégoriques gravées, xvie siècle.

7 — Casque à oreillons, de même travail que la cuirasse qui précède.

8 — Belle paire de pistolets à rouet, enrichis d'incrustations en ivoire gravé, xvıe siècle.

9 — Paire de pistolets italiens à rouet, canons et garniture en fer poli, xvııe siècle.

10 — Carabine à rouet, incrustée d'ivoire gravé ; la batterie gravée représente un sujet de chasse, xvııesiècle.

11 — Fusil à rouet, batterie et canon polis, xvııe siècle.

12 — Epée allemande du xvıe siècle, à garde en fer à enroulements.

13 — Epée analogue à celle qui précède, pommeau cannelé.

14 — Epée allemande à large lame, avec pommeau et garde en fer ciselé.

15 — Autre épée allemande à large lame, le pommeau et la garde en fer noirci.

16 — Epée allemande à garde et pommeau en fer gravé, avec figurines rapportées en cuivre doré.

17 — Grande épée d'arçon du xve siècle, en fer noirci.

18 — Epée à deux mains à quillons courbes, en fer, xve siècle.

19 — Epée espagnole du xvıᵉ siècle, à corbeille ovoïde, gravée et repercée à jour.

20 — Epée italienne à pommeau cannelé, xvıᵉ siècle.

21 — Epée italienne à coquille ciselée, même époque.

22 — Epée italienne du xvıᵉ siècle, garde à panier en fer ciselé découpé à jour.

23 — Epée espagnole à pommeau cannelé, la garde à panier est découpée à jour et gravée.

24 — Main gauche à lame cannelée et garde en fer repercé à jour.

25 — Autre main gauche, avec garde en forme de coquille cannelée.

26 — Dague dite miséricorde, à lame quadrangulaire, avec poignée et barrette en fer ciselé. Travail du xvıᵉ siècle.

27 — Autre dague miséricorde, analogue à la précédente.

28 — Deux dagues miséricordes, en fer ciselé du xvıᵉ siècle.

29 — Couteau de chasse, avec manche et garde en ivoire sculpté, représentant des combats d'animaux ; xvııᵉ siècle.

30 — Poire à poudre, en corne de cerf gravée, xvıᵉ siècle.

31 — Poire à poudre, en corne de cerf gravée à ornements, garniture en fer noir, xvie siècle.

32 — Grande poire à poudre analogue à celle qui précède, avec garniture dorée.

33 — Poire à poudre de forme ovale en ivoire guilloché, avec garniture en fer ciselé à mascarons, fruitages et trophées d'armes, sur fond doré.

34 — Paire de pistolets du temps de Louis XIV, avec batterie à pierre en cuivre ciselé et doré.

— Poire à poudre en ivoire sculpté, portant des armoiries et le buste d'Auguste *le Fort* de Saxe. Travail moderne.

36 — Paire de pistolets anglais à balles forcées, avec accessoires. Fabrique de Moore.

37 — Paire de pistolets d'arçon, canons de cuivre et batterie à pierre.

38 — Couteau-yatagan, à fourreau en argent repoussé à fleurs et ornements.

39 — Sabre turc à lame courbe en damas gris, poignée en corne et fourreau en chagrin noir garni en argent doré.

40 — Couteau-poignard brésilien ; poignée et fourreau en argent gravé et ciselé.

41 — Deux manches de mailles rivées, avec bordure en cuivre.

42 — Grande pipe en écume de mer, garnie en argent et ornée d'un groupe de personnages en costume Louis XIII.

43 — Autre grande pipe en écume de mer, avec tête de Turc sculptée en ronde-bosse; garniture en argent doré avec couvercle formé d'une couronne.

44 — Deux sandales indiennes en cuir incrusté d'étain.

44 *bis* — Fleurets, masques, gants, etc., pour l'escrime.

DESSINS & AQUARELLES

BELLANGÉ (H.).

45 — La vieille Bûcheronne.

> Sépia. — Haut., 12 cent.; larg., 10 cent.

BIDA.

46 — Le saint Sépulcre.

> Dessin. — Haut., 32 cent.; larg. 22 cent.

BIDA.

47 — Marchands arméniens.

> Dessin. — Haut., 32 cent ; larg., 22 cent.

BIDA.

48 — Femme juive couchée.

> Dessin. — Haut., 20 cent.; larg., 25 cent.

BONNINGTON.

49 — Bayard blessé.

(Vente Lord Seymour.)

Aquarelle. — Haut., 12 cent.; larg., 9 cent.

BOMBLED.

50 — Jockey étrillant un cheval.

Aquarelle. — Haut., 12 cent.; larg., 21 cent.

CHARLET.

51 — A l'école.

Sépia. — Haut., 21 ; larg., 17.

GÉNIOLE.

52 — La Toilette.

Dessin rehaussé. — Haut., 20 cent.; larg., 14 cent.

HERBSTHOFFER.

53 — Un reître.

Dessin. — Haut., 28 cent.; larg., 21 cent.

VERNET (Horace).

54 — Chasse au marais.

Sépia. — Haut., 20 cent.; larg., 26 cent.

TABLEAUX

BOMBLED.

55 — Course, le Saut de la haie.

Haut., 22 cent.; larg., 47 cent.

DE DREUX (Alfred).

56 — Rendez-vous de chasse dans la forêt de Compiègne.

Haut., 40 cent.; larg., 63 cent.

DE DREUX (Alfred).

57 — Jockey pansant un cheval dans son écurie.

Haut., 50 cent.; larg., 60 cent.

DE DREUX (Alfred).

58 — Cavalier en costume de chasse, montant un cheval

Haut., 46 cent.; larg., 33 cent.

DROLLING père.

59 — Paysan appuyé sur un bâton.

60 — Paysanne portant un panier de fleurs.

Deux pendants. — Haut., 13 cent. ; larg., 11 cent.

SWERTCHKOW (N. de).

61 — Voyageur russe en traîneau, attelé d'un cheval noir.

Haut., 130; larg., 80 cent.

SWERTCHKOW (N. de).

62 — Étalon russe sortant de l'écurie.

Haut., 76; larg., 64 cent.

SWERTCHKOW (N. de).

63 — Elington, étalon anglais.

Haut., 50; larg., 60 cent.

SWERTCHKOW (N. de).

64 — Leux chevaux à l'écurie.

Haut., 45 cent.; larg., 24 cent.

TAYLER.

65 — Chien boule-dogue couché dans une écurie.

Haut., 45 cent.; larg., 38 cent.

ANTICHAMBRE

66 — Tapis en aubusson ras.

67 — Grande lanterne de forme ronde, à quatre lumières, en cuivre verni, ornée d'une galerie à balustres et d'une guirlande de perles.

68 — Un fauteuil, une banquette et deux tabourets, style Louis XVI, en acajou ciré, pieds cannelés, couverts de velours gaufré.

69 — Une table, style Louis XVI, en acajou ciré, pieds cannelés.

70 — Un encrier en cristal.

71 — Deux rideaux de vitrage en mousseline brodée.

72 — Deux grands rideaux-portières en reps marron, à dessins de fleurs, couleurs variées, avec lambrequins et cordons ; doublures en soie groseille.

73 — Deux statuettes en bronze, tiers de nature, représentant un Indien et une Indienne, supportant des girandoles à neuf lumières.— Réduction d'après Armand-Toussaint. Exposition de 1855.

74 — Socles en marbre du Languedoc rouge et blanc.

75 — Vase en bronze, sur pied et avec couvercle, orné de bas-reliefs représentant des faunes et des amours enfants.

SALLE A MANGER

76 — Grand tapis de Smyrne fond rouge, bordure jaspée bleu, rouge et vert.

77 — Lampadaire, style flamand, en cuivre verni à trois lampes et chaîne à maillons.

78 — Quatre rideaux de vitrage en mousseline brodée.

79 — Quatre grands rideaux de fenêtre en imberline cramoisi, avec lambrequins, cordons et doublures en soie.

80 — Foyer anglais, pelle, pincette en acier poli, soufflet, etc.

81 — Grillé en fer, genre Louis XIII, ornée de fleurs de lis.

82 — Table ronde en acajou ciré, style Louis XVI, et à trois rallonges.

83 — Douze chaises en acajou ciré, même style, couvertes en maroquin grenat.

84 — Deux grands panneaux en chêne sculpté en haut relief, représentant un hallali de cerf et une chasse au sanglier. — Signés A. Lecuire, 1860 et 1861.

85 — Un cabaret à vins fins, composé de : un grand plateau en argent à quatre pieds, l'intérieur et les bords gravés et ciselés à lozanges ; deux carafons et six verres en cristal taillé monté en argent.

86 — Un autre cabaret à liqueurs composé de : un grand plateau en argent pareil au précédent, avec quatre bouteilles forme gourde et dix-huit verres en cristal taillé monté en argent.

87 — Un porte-liqueurs, cabaret à galerie en argent ciselé, avec six carafons en cristal gravé, bouchons en argent, plus douze petits verres sortant des magasins de M. Odiot.

88 — Service complet en verre-mousseline.

OFFICE

89 — Deux rideaux de vitrage en mousseline brodée.

90 — Deux grands rideaux de fenêtre en reps marron, à dessins de fleurs de couleurs variées, lambrequins, cordons, etc., doublure en soie.

91 — Deux portières semblables.

92 — Une grande armoire, à doubles portes, en acajou ciré.

93 — Petit meuble en noyer sculpté.

94 — Table à volet en palissandre.

95 — Table à volets en acajou.

96 — Deux chaises fumeuses en chêne sculpté, couvertes en maroquin marron avec clous d'acier.

97 — Diverses pièces en porcelaine de Chine moderne et en porcelaine décorée.

GRAND SALON

98 — Grand tapis en moquette bleue, bordure fond gris et fleurs bleues.

99 — Quatre grands rideaux de vitrage en mousseline brodée.

100 — Quatre grands rideaux en soie bleue, ornés de glands.

101 — Quatre grands rideaux en satin broché à fleurs, fond gris avec bandes, lambrequins ornés de franges.

102 — Huit grandes portières semblables.

103 — Une grande glace, cadre en bois doré, à fronton arrondi.

104 — Garniture de foyer en bronze doré, représentant des dragons ailés.

105 — Une pendule en marbre vert, ornée de bas-reliefs en bronze, sujet : Diane de Gabies.

106 — Une autre pendule en bronze doré, à rinceaux et feuillages, avec enfants portant des guirlandes de fleurs. — Candélabres semblables.

107 — Deux flambeaux en bronze.

108 — Deux vases en bronze, ornés de bas-reliefs, imitation de l'antique.

109 — Très-bel ameublement Louis XVI, en bois sculpté et doré, recouvert en satin broché à fleurs sur fond gris, composé de : un canapé, quatre fauteuils-bergères, six fauteuils et deux chaises.

110 — Un très-beau piano d'Erard, modèle trapèze, sur pieds de style Louis XVI, en bois doré et sculpté, orné de très-belles peintures représentant des muses, des amours et des festons de fleurs sur fond d'or, par Tony Faivre, 1867.

Pièce exceptionnelle.

PETIT SALON

111 — Tapis en moquette bleue, bordure fond gris et fleurs bleues.

112 — Six rideaux de vitrage en mousseline brodée.

113 — Six grands rideaux en soie bleue, ornés de glands.

114 — Six grands rideaux en soie fond gris à fleurs bleues brodées, lambrequins ornés de franges, cordons, etc.

115 — Garniture de foyer en bronze doré, représentant deux enfants qui se chauffent.

116 — Petite pendule Louis XVI à crémaillère, en bronze doré, destinée à être appliquée sur un mur.

117 — Une corne de rhinocéros sculptée à paysages et figures. Travail chinois.

118 — Un groupe en biscuit de porcelaine, représentant l'Amour enchaîné.

119 — Deux vases Louis XVI en biscuit.

120 — Une grande glace, cadre en bois doré, à fronton arrondi.

121 — Un petit guéridon en forme de trépied, en bronze doré à dessus de marbre Sainte-Anne.

122 — Une petite toilette Louis XVI, en acajou, richement ornée de bronze doré, et garnie d'un pot à eau en vieux japon monté en argent, accompagné de la cuvette de même porcelaine.

123 — Coffret à bijoux en bois sculpté.

124 — Ameublement Louis XVI, en bois doré, recouvert en étoffe de soie fond gris à fleurs bleues brodées, pareilles aux rideaux, composé de : un canapé, cinq fauteuils et deux chaises.

125 — Petite commode Pompadour, en bois peint avec fleurs et ornements dorés.

CABINET DE TRAVAIL

126 — Grand tapis de Smyrne fond rouge, bordure jaspée, bleue, verte et rouge.

127 — Quatre rideaux de vitrage en mousseline brodée.

128 — Quatre grands rideaux de fenêtre en imberline cramoisi, bordés en velours noir; doublure en molleton et soie; lambrequins et embrasses ; patères en noyer.

129 — Tenture de la pièce en imberline cramoisi doublée en toile.

130 — Une cheminée en bois noir sculpté avec bas-reliefs, par A. Lecuire; chambranle et intérieur en fonte.

131 — Belle paire de feux du temps de Louis XIV, en bronze doré, formés par des chevaux caparaçonnés dont les pieds de devant posent sur des écussons; piédestaux à mascarons et consoles ornés de feuillage.

132 — Grande glace de Venise à biseaux, avec fronton.

133 — Grande bibliothèque à deux corps, en bois de noyer
noirci et sculpté par A. Lecuire. — Le corps inférieur est
à trois portes pleines ornées de médaillons en relief; le
corps supérieur, à trois portes vitrées, est orné sur les
montants de statuettes, représentant Bossuet, Molière,
Rousseau, Mirabeau, etc.; le fronton, découpé, est surmonté d'une figure en bronze : *le Penseur*, d'après Michel-
Ange.

134 — Une pendule Louis XV en bronze doré, avec deux
grands candélabres Louis XV en bronze doré.

135 — Grande table-bureau de milieu, style Louis XIV, en
bois de noyer noirci, à quatre pieds de forme carrée et
entre-jambes.

136 — Ameublement en bois de noyer noirci et sculpté, style
Louis XIV, garni en maroquin grenat, composé de : un
canapé, deux grands fauteuils et deux chaises.

137 — Deux grands fauteuils droits, du temps de Louis XIV,
en bois sculpté et doré, avec entre-jambes, recouverts de
tapisserie au petit point, représentant des figures et des
paysages.

138 — Belle figure en bronze, Moïse, d'après Michel-Ange;
piédestal en bois de noyer noir et sculpté.

139 — Encrier italien, formé d'une figure de satyre assis et
tenant une corne d'abondance qui sert de flambeau;
bronze florentin du xvie siècle, socle en bois.

140 — Deux vases en terre émaillée de la Chine, à médaillons

de paysage, animaux et ornements en couleurs; monture,
style Louis XVI, en bronze doré.

141 — Vase à deux anses en terre de la Basilicate, à figures
peintes en rouge sur fond noir.

142 — Deux pitongs en bambou sculpté à figures dans des
paysages; travail chinois

143 — Petit meuble à tiroir, en laque brun de Pékin ciselé à
ornements.

144 — Panneau représentant un intérieur chinois.

145 — Boîte à cigares, en bois de fer.

CHAMBRE A COUCHER

146 — Un tapis de Smyrne, semblable aux précédents.

147 — Quatre rideaux de vitrage en mousseline brochée.

148 — Quatre grands rideaux de fenêtre en velours grenat,
ornés de lambrequins, avec cordons et glands, doublure
en soie.

149 — Rideaux de lit avec ciel en velours grenat, fond capitonné.

150 — Une pendule Louis XVI, surmontée d'un vase orné de guirlandes de laurier en bronze doré. Mouvement de Lepaute, horloger du Roi.

151 — Deux petits flambeaux Louis XVI, forme de vases.

152 — Une petite boussole.

153 — Une grande glace, cadre en bois peint, orné d'un fronton.
Garniture de foyer en bronze.

154 — Commode anglaise en acajou à dessus de marbre.

155 — Table bureau, genre Louis XVI, en acajou, à filets de cuivre.

156 — Table de nuit Louis XVI, en marqueterie, avec galerie de cuivre.

157 — Grand cabinet italien, à deux corps, en ébène et écaille, ornements en bronze doré.

158 — Deux encriers en cristal.

159 — Divers objets de bureau, papeterie, etc.

160 — Un lit à trois faces, couvert en velours grenat.
(Literie complète).

161 — Un canapé et trois fauteuils couverts en velours grenat capitonné.

162 — Une grande chaise en bois noir, couverte en cuir rouge capitonné.

163 — Deux petites chaises, bois noir, couvertes en velours capitonné.

164 — Meuble à hauteur d'appui, à deux portes, en marqueterie de bois à fleurs.

CABINET DE TOILETTE

165 — Tapis de Smyrne, semblable aux précédents.

166 — Rideaux de vitrage, mousseline brochée.

167 — Deux grands rideaux de fenêtre en velours grenat, lambrequins et cordons à glands.

168 — Tapis en sparterie.

169 — Deux chenets en bronze, représentant des enfants se chauffant; socle carré.

170 — Garniture de cheminée : pendule et deux candélabres en marbre, avec sujet de bronze, Vénus de Milo.

171 — Toilette en acajou et dessus de marbre blanc, et accessoires.

172 — Une autre toilette semblable, en bois noir et ébène.

173 — Petite table d. nuit Louis XVI, en acajou et dessus de marbre.

174 — Glace mobile, cadre en bois peint.

175 — Six chaises Louis XVI, en bois peint, recouvertes en tapisserie.

176 — Un écran semblable.

177 — Deux groupes en porcelaine de Saxe.

178 — Quatre rideaux de vitrage en mousseline.

179 — Quatre grands rideaux de fenêtre en reps vert avec lambrequins et embrasses.

180 — Tapis en moquette anglaises à rayures variées.

181 — Deux chenets en bronze, pelle, pincette, etc.

182 — Deux lampes modérateur en porcelaine de Chine.

183 — Table-bureau en bois de chêne sculpté.

184 — Armoire à glace, avec côtés ornés de figurines en bois sculpté.

185 — Uu secrétaire en noyer sculpté par Lecuire.

186 — Grande table carrée en marqueterie de bois à fleurs.

187 — Petite table en acajou, ornée de cuivre.

188 — Un canapé, trois fauteuils, deux chaises fumeuses et un tabouret en bois recouverts de cuir noir capitonné.

189 — Un canapé, deux fauteuils couverts en soie bleue capitonnée.

190 — Quatre médailles en terre émaillée, représentant les quatre Saisons.

191 — Une longue-vue en cuivre et pieds en acajou.

MEUBLES COURANTS

192 — Dix chaises de salle à manger en chêne, couvertes en maroquin Lavallière.

193 — Canapé, fauteuils et chaises en bois doré, couverts en tapisserie d'Aubusson.

194 — Canapé, chaises, fauteuils en bois noir, à filets, couvert en soie jaune.

195 — Fauteuils, chaises, canapés, fumeuses et siéges divers en palissandre et acajou.

196 — Toilette en acajou à dessus de marbre et accessoires en porcelaine de Chine.

197 — Grande armoire à glace à biseau contourné, en bois
noir.

198 — Table de salle à manger en chêne avec rallonges. —
Tables diverses. Toilettes commodes, armoires à glace.
Couchettes, etc.

199 — Garnitures de foyer : pelles, pincettes, garde-feu, etc.

200 — Tapis, quantité de rideaux en soie et damas de laine et
autres.

201 — Bonne literie. — Ustensiles de ménage, etc.

FOURRURES

202 — Grande nappe en martre zibeline.

203 — Autre nappe en renard de mer.

ARGENTERIE

204 — Service complet, composé de douze cuillers, trente-
six fourchettes, trente-six grands couteaux, vingt-quatre
couteaux à dessert en vermeil, douze cuillers en vermeil,
vingt-quatre couteaux, dont douze avec manche en vermeil, douze fourchettes à dessert en vermeil, un couvert
à salade, deux cuillers à compotes, une cuiller à sucre en

poudre, une louche, un couvert à poisson, une pince à
asperges, quatre pinces à hors-d'œuvre, un service à
gibier.

205 — Un huilier, un moutardier et deux bouts de table en
argent et cristal bleu, genre Louis XVI.

— Une grande cafetière, une petite, deux sucriers, une
tasse et sa soucoupe, deux pots au lait, une théière.

— Une timbale, un manche à gigot, une tasse et sa soucoupe, un plateau, un autre plateau à cigares, un couvert
à découper, deux réchauds.

— Une louche, six cuillers en vermeil, six fourchettes,
dix-huit couteaux en vermeil, six couteaux à lames d'argent, neuf cuillers, neuf fourchettes, quatre pinces à hors-
d'œuvre, six fourchettes à huîtres, quinze cuillers à café,
quatre cuillers à sel, une cuiller pour sucre en poudre.

— Autre service à café : douze petites cuillers, une pince à
sucre, douze fourchettes dans leur boîte, douze couteaux
dans leur boîte, un service à découper dans sa boîte.

— Douze couteaux, une louche, douze cuillers, douze
fourchettes, six couverts à dessert dans une boîte.

VINS

206 — Pichon-Longueville.	39	bouteilles.
— Château-Léoville.	40	—
— Clos d'Estournel.	45	—
— Château-Latour.	52	—
— Château-Léoville.	50	—

— Château-Rozane. 25 bouteilles.
— Brane-Mouton. 77 —
— Château-Yquem. 31 —
— Sauterne nouveau. 220 —
— Champagne Sillery. 7 —
— Champagne œil-de-perdrix. 11 —
— Champagne prince de Galles. 50 —
— Madère. 15 —
— Porto. 20 —
— Malvoisie. 12 —
— Vin du Rhin. 12 —
— Chambertin. 30 —
— Bordeaux. 300 —
— Pessac. 576 —
— Vin ordinaire. 40 —
— Deux pièces de vin d'office.

LIVRES

207 — AMPÈRE. —Histoire romaine à Rome, l'Empire romain à Rome. Ensemble, 6 vol. in-8, brochés.

208 — ARMENGAUD. — Galeries publiques de l'Europe (Rome). Paris, 1857. In-fol. dem. mar., d. s. t., fig.

209 — AUGIER. — Le Fils de Giboyer. Paris, 1863. In-8 dem. veau à nerfs.

210 — Balzac. — OEuvres complètes. Paris, Houssiaux, 1855.
20 vol. in-8 dem. mar., d. s. t., fig.

211 — Bernardin de Saint-Pierre. — Paul et Virginie, suivi
de la Chaumière indienne. Paris, 1854. Grand in-8 dem.
mar. d. s. t., fig.

212 — Blanc. — Histoire des Peintres de toutes les écoles.
Paris, Renouard. 8 vol. in-4 dem. mar., d. s. t., fig.

213 — Boileau. — OEuvres poétiques. avec notes. Paris, Didot,
1853. In-8 dem. mar. d. s. t.

214 — Buchez et Roux. — Histoire parlementaire de la Révolution française depuis 1789 jusqu'à 1815. Paris, 1834.
40 vol. in-8 dem. mar.

215 — Buffon. — OEuvres complètes. Paris, Furne, 1839.
6 vol. grand in-8, fig. coloriées, dem. mar.

216 — Campagnes mémorables des Français en Egypte, en
Italie, etc. Paris, 1817. 2 vol. in-fol., dem. mar.,
d. s. t.

217 — Chateaubriand. — OEuvres choisies. Atala, les Mar-
tyrs, Itinéraire de Paris à Jérusalem, Littérature anglaise,
Paradis perdu. Paris, Furne, 1859. 4 vol. in-8 dem. mar.,
d. s. t., fig.

218 — Choix d'estampes de la **Calcographie impé-
riale**, 152 gravures diverses réunies en 3 vol. grand
in-fol., dem. maroquin rouge.

219 — Crébillon fils. — OEuvres complètes. Londres, 1779.
7 vol. in-12, bas.

220 — Critique française (la). Années 1862 à 1867. 6 vol. in-8, dem. veau.

221 — EDMOND. — Voyage dans les mers du Nord. Paris, Lévy, 1863. Grand in-8, dem. mar., d. s. t.

222 — FIGUIER. — La Terre avant le Déluge ; la Terre et les Mers. Paris, 1864. 2 vol. in-8 brochés, fig.

223 — FLAUBERT. — Salambô. Paris, 1863. In-8 dem. veau à nerfs.

224 — GÉRARD (Jules). — La Chasse au lion, avec gravures de Gustave Doré. Paris, 1855. Grand in-8, dem. mar., d. s. t.

225 — GRIMM et DIDEROT. — Correspondance littéraire, philosophique et critique, depuis 1753 jusqu'en 1790. Paris, Furne, 1829. 16 vol. in-8, dem. veau.

226 — GUINOT. — L'Été à Bade. Paris, Bourdin. Grand in-8, dem. mar. d. s. t., fig.

227 — HUGO. — Les Misérables. Paris, Pagnerre, 1862. 10 vol. in-8 veau plein, d. s. t. (Magnifique exemplaire.)

228 — Illustration. Années 1859 à 1863. 10 vol. in-4, cartonnés.

229 — JANIN. — Rachel et la Tragédie. Paris, 1859, grand in-8, dem. mar., d. s. t.

230 — Journal des Chasseurs, années 1859 à 1863. Ensemble 8 vol. in-8, dem. veau, fig.

231 — LA FONTAINE. — Fables, précédées d'une Notice par
Sainte-Beuve; gravures de Tony Johannot. Paris, Furne,
1853, in-8, dem. mar., fig.

232 — LEBEAU. — Histoire du Bas-Empire, revue par Saint-
Martin. Paris, Didot, 1824, 21 vol. in-8, dem. veau fauve.
(Ottmann Duplanil.)

233 — LESUR. — Annuaire historique universel, années 1818
à 1847. Ensemble 30 vol. in-8, dem. veau.

234 — MACHIAVEL. — OEuvres complètes, trad. par Guiraudet.
Paris, an VII. 9 vol. in-8, bas.

235 — MALTE-BRUN. — Géographie universelle ou Description
de toutes les parties du monde. 8 vol. grand in-8, dem.
mar., fig.

236 — MAURICE (Charles). — Histoire anecdotique du théâtre
et de la littérature. Paris, 1856. 2 vol. in-8, dem. mar..
d. s. t.

237 — MICHIELS (Alfred). — Histoire secrète du gouver-
nement autrichien. Paris, 1861. In-8. dem. mar.,
d. s. t.

238 — MOLIÈRE. — OEuvres complètes, avec notes. Paris,
1861. 4 vol. in-8 brochés.

239 — Monde illustré, années 1861-62. 4 vol. in-fol., cartonnés.

240 — MONTESQUIEU. — OEuvres; édition publiée par Parrelle.
Paris, Lefèvre, 1826. 8 vol. in-8, papier cavalier vélin,
dem. mar., d. s. t. (De la collection des classiques français.)

241 — Napoléon III. — OEuvres. Paris, 1856. 4 vol. in-8, dem. mar., d. s. t.

242 — Nisard. — Histoire de la littérature française. Paris, 1863. 4 vol. in-12, dem. veau.

243 — Physique sacrée ou Histoire naturelle de la Bible. Amsterdam, 1734, 8 vol. in-fol. veau, figures.

244 — Piron. — OEuvres complètes. Neufchâtel, 1778. 7 vol. in-8 basane.

245 — Prudhomme. — Révolutions de Paris. Paris. 1789. 17 vol. in-8, dem. rel., figures et cartes.

246 — Réimpression de l'ancien Moniteur, histoire authentique de la Révolution française (1789-1799). Paris, 1859. 32 vol. grand in-8, dem. veau, plats toile, fig.

247 — Revue des Deux Mondes, années 1862-1863. 12 vol. in-8, dem. rel. veau fauve, tranche peigne, plus 20 livraisons de l'année 1864, brochées.

248 — Rich. — Dictionnaire des antiquités romaines et grecques. Paris, 1861. In-8, dem. mar., tranche peigne.

249 — Rollin. — OEuvres complètes, avec notes de Letronne. Paris, Didot, 1830. 30 vol. in-8, dem. veau bleu, avec atlas.

250 — Sainte Bible (la), avec notes de M. l'abbé Delaunay. Paris, Curmer, 1857. 5 vol. in-4, dem. mar., d. s. t., figures.

251 — Sanson. — Mémoires, 1648-1847. Paris, 1862. 6 vol. in-8, dem. veau, tranche peigne.

252 — TABARIN. — OEuvres. Paris, 1858. In-12, dem. mar.

253 — THEIL. — Dictionnaire de biographie, mythologie, géographie. Paris, 1865. In-8, dem. mar., tranche peigne.

254 — VISCONTI. — Iconographie romaine. Paris, Didot l'aîné. 3 vol. in-4, avec atlas in-fol., dem. mar., d. s. t.

255 — VOITURE. — OEuvres. Paris, Didot, 1858. In-8 br.

256 — VOLTAIRE. — OEuvres complètes. Paris, Dupont, 1823. 71 vol. in-8, dem. veau.

257 — WALTER SCOTT. — OEuvres complètes, traduites par Defauconpret. Paris, Furne, 1856. 25 vol. in-8, dem. mar., d. s. t., figures.

258 — Livres en lots (environ 500), qui seront vendus au commencement de la vacation.

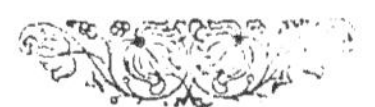